Die Organisation der Rohstoffversorgung

Walther Rathenau

Alpha Editions

This edition published in 2022

ISBN : 9789356789517

Design and Setting By
Alpha Editions
www.alphaedis.com
Email - info@alphaedis.com

As per information held with us this book is in Public Domain.
This book is a reproduction of an important historical work. Alpha Editions uses the best technology to reproduce historical work in the same manner it was first published to preserve its original nature. Any marks or number seen are left intentionally to preserve its true form.

Die Organisation der Rohstoffversorgung

von

Walther Rathenau

Stenogramm: H. Geitner
Als Manuskript gedruckt

Meine Herren!

Über einen Abschnitt unserer wirtschaftlichen Kriegführung möchte ich Ihnen berichten, der ohne geschichtliches Vorbild ist, der auf den Verlauf und Erfolg des Krieges von hohem Einfluß sein wird, und der voraussichtlich hinüberwirken wird in fernere Zeiten. Es ist ein wirtschaftliches Geschehnis, das eng an die Methoden des Sozialismus und Kommunismus streift, und dennoch nicht in dem Sinne, wie radikale Theorien es vorausgesagt und gefordert haben. Nicht den theoretischen Aufbau eines starren Systems möchte ich Ihnen geben, sondern ein Stück erlebten Lebens, das zuerst in Verborgenheit sich abspielte, dann größere und größere Kreise zog, schließlich zu einer gesamten Umstellung unseres Wirtschaftslebens führte und eine Behörde entstehen ließ, die aus den Mauern des alten Preußischen Kriegsministeriums hervorwuchs, um die deutsche Wirtschaft dem Kriege dienstbar zu machen.

Nicht von dem Werk allein möchte ich einen Begriff Ihnen geben, sondern auch von der Romantik, die sein Werden und Wachsen umkleidete, die sich entspann aus dem Zusammenwirken einer Anzahl von Menschen, die durch nichts verbunden waren als durch die Gemeinschaft der Gesinnung und der Arbeit. Männer fanden sich zusammen aus allen Gauen und Berufen, um ohne Verpflichtung und ohne Bedingung in freier Arbeit für das Beste ihres Landes zu wirken, und herzugeben, was sie an Erfahrung, an Arbeitskraft und an Erfindergabe besaßen.

Rohstoff-Wirtschaft! Ein abstraktes, bildloses Wort, abstrakt und farblos wie so viele Namen unserer Zeit, deren Sprache nicht die schöpfende Kraft hat, um für handfeste Begriffe bildhafte Worte zu schaffen; ein lebloses Wort, und dennoch ein Begriff von großer Schwerkraft, wenn man ihn ganz sich vergegenwärtigt. Blicken Sie um sich: Was uns umgibt: Gerät und Bauwerk, Mittel der Bekleidung und Ernährung, der Rüstung und des Verkehrs, alle enthalten fremdländische Beimengung. Denn die Wirtschaft der Völker ist unauflöslich verquickt; auf eisernen und auf wässernen Straßen strömt der Reichtum aller Zonen zusammen und vereinigt sich zum Dienst des Lebens.

So bekommt der Begriff der Rohstoffversorgung seine Farbe, und diese Farbe tritt um so ernster hervor, wenn es sich um das Problem der Rüstung und der Verteidigung handelt. Eine weitere Vertiefung des Begriffes findet statt, wenn diese Verteidigung geboten ist in einem abgeschlossenen, blockierten Lande.

Täglich hören wir sprechen von Schwierigkeiten der Volksernährung. Und dennoch: diese Volksernährung beruht auf einer Produktionskraft, die mehr als 80 Hundertstel des Bedarfes ausmacht. Eine Abschließung kann uns beschränken, sie kann uns nicht vernichten. Anders mit jenen anderen Stoffen, die für unsere Kriegführung unentbehrlich sind; ihre Sperrung kann Vernichtung bedeuten.

Überblicken Sie die Karte Europas und die Lage der Zentralmächte inmitten; es ist, als ob eine dämonische Hand die Umrisse so gezogen hätte, daß mit der Besetzung von wenigen Punkten diese Riesenfläche von Ländern abgeschlossen läge. Ja, wir grenzen freilich an drei Meere, wir mit unseren Verbündeten; aber was sind sie? Binnenseen. Die Ostsee, durch eine Meerenge nur geöffnet; die Nordsee abgesperrt durch den Kanal, durch die Orkney- und Shetlands-Inseln; das Mittelmeer verriegelt durch die beiden Stützpunkte im Osten und Westen. Und hinter diesen Binnenseen dehnt sich aus im Norden ein bedürftiges Land mit geringer Versorgung unentbehrlicher Stoffe; im Süden hinter dem Mittelmeerkessel ein Wüstenrand, durch den keine Bahnen und Verkehrsstraßen nach den Produktionszentren der Welt führen.

Am 4. August des letzten Jahres, als England den Krieg erklärte, geschah das Ungeheuerliche und nie Gewesene: unser Land wurde zur belagerten Festung. Geschlossen zu Lande und geschlossen zur See war es nun angewiesen auf sich selbst; und der Krieg lag vor uns, unübersehbar in Zeit und Aufwand, in Gefahr und Opfer.

Drei Tage nach der Kriegserklärung trug ich die Ungewißheit unserer Lage nicht länger, ich ließ mich melden bei dem Chef des Allgemeinen Kriegsdepartements, dem Oberst Scheüch und wurde am 8. August abends freundlich von ihm aufgenommen. Ihm legte ich dar, daß unser Land vermutlich nur auf eine beschränkte Reihe von Monaten mit den unentbehrlichen Stoffen der Kriegswirtschaft versorgt sein könne. Die Kriegsdauer schätzte er nicht geringer ein als ich selbst, und so mußte ich an ihn die Frage richten: Was ist geschehen, was kann geschehen, um die Gefahr der Erwürgung von Deutschland abzuwenden?

Es war sehr wenig geschehen, und es geschah dennoch viel; denn das Interesse des Kriegsministeriums war geweckt. Als ich bekümmert und sorgenvoll heimkehrte, fand ich ein Telegramm des Kriegsministers von

Falkenhayn, das mich auf den nächsten Vormittag in sein Amtszimmer bestellte.

Es war Sonntag der 9. August. Ich dankte dem Minister und sagte ihm: ich bewunderte, daß er in dieser Mobilmachungszeit in der Lage sei, seine Zeit zu opfern, um sich mit fremden Gedanken zu befassen. Er antwortete, indem er auf seinen Schreibtisch wies: Sie sehen, dieser Tisch ist leer.

Die große Arbeit ist getan, die Mobilmachung ist vorüber; es ist nicht eine Reklamation gekommen, und ich habe Zeit Besuche zu empfangen.

Die Unterhaltung währte einen Teil des Vormittags, und als sie endete, war der Beschluß des Kriegsministers gefaßt, eine Organisation zu schaffen, gleichviel wie groß, gleichviel mit welchen Mitteln; sie mußte wirksam sein und mußte die Aufgabe lösen, die uns auferlegt war. In diesem entscheidenden Augenblick brachte der kühne, verantwortungsvolle Entschluß des Preußischen Kriegsministeriums den Wendepunkt auf dem Gebiet, von dem ich zu Ihnen sprechen darf.

Ich wollte mich verabschieden; der Kriegsminister behielt mich dort, indem er mir die unerwartete Zumutung stellte, ich sollte die Organisation dieser Arbeit übernehmen. Vorbereitet war ich nicht; Bedenkzeit wollte ich mir ausbitten, das wurde nicht zugelassen, meine Zustimmung hatte ich zu geben und so sah ich mich wenige Tage darauf im Kriegsministerium untergebracht.

Die »Kriegs-Rohstoff-Abteilung« war durch Ministerialerlaß errichtet; sie hatte einen zweiköpfigen Vorstand, bestehend aus einem Obersten a. D., einem erfahrenen Mann, der gewißermaßen die militärische Deckung darstellte und die Erfahrungen des Kriegsministeriums in unserer jungen Abteilung verkörperte, und mir, dem die Aufgabe gestellt war, die Organisation zu schaffen. So saßen wir in vier kleinen Zimmern zu dritt mit einem Geheimen expedierenden Sekretär, der uns beigegeben war, und dessen praktische Erfahrungen wir in den Fährnissen der Geschäftsordnung schätzen lernten.

Es war Mitte August. Vor meinem Fenster breitete ein wundervoller Ahorn seine Äste aus und überschattete das Dach. Unten lag der schöne Garten des Kriegsministeriums, darin schritt eine Wache langsam auf und ab; zwei alte Kanonen standen auf dem Rasen in der Sonne. Und hinter dieser friedlichen Stille ein hoher Schornstein; der deutete auf das Riesengebiet der deutschen Wirtschaft, das sich jenseits ausbreitete bis zu unseren flammenden Grenzen. Dieses Gebiet der donnernden Bahnen, der rauchenden Essen, der glühenden Hochöfen, der sausenden Spindeln, dieses unermeßliche Wirtschaftsgebiet dehnte sich vor dem geistigen Auge, und uns war die Aufgabe gestellt, diese Welt, diese webende und strebende Welt zusammenzufassen, sie dem Kriege dienstbar zu machen, ihr einen einheitlichen Willen aufzuzwingen und ihre titanischen Kräfte zur Abwehr zu wecken.

Das erste, was geschehen mußte, war, Menschen zu finden. Ich trat an Freunde heran, und gewann als stellvertretendes Vorstandsmitglied meinen Kollegen von der Allgemeinen Elektricitäts-Gesellschaft, Professor Klingenberg. Es gelang mir ferner, meinen Freund von Moellendorff als Mitarbeiter zu gewinnen, der zuerst in freundschaftlichen Unterhaltungen den Finger auf diese ernste Wunde unserer Wirtschaft gelegt hatte. Nun waren wir zu fünft, die Arbeit konnte beginnen.

Die erste Frage, die uns entgegentrat, war die Frage der Deckung. Wir mußten wissen, auf wieviel Monate das Land mit unentbehrlichen Stoffen versorgt war; davon hing jede Maßnahme ab. Die Meinungen der Industriellen widersprachen sich und gingen manchmal um das zehnfache auseinander.

Eine maßgebliche Stelle fragte ich: Wie ist es, kann man eine Statistik über diese Sachen bekommen? »Jawohl«, sagte man mir, »diese Statistik ist zu schaffen«. Wann? »Etwa in sechs Monaten«. Und wenn ich sie in vierzehn Tagen haben muß, weil die Sache drängt? Da antwortete man mir: »Da gibt es keine«. Ich mußte sie aber haben, und hatte sie in vierzehn Tagen.

Erforderlich war ein gewagter Griff, eine Hypothese; und diese Hypothese hat sich bewährt. Angenommen wurde, daß das Deckungsverhältnis im Durchschnitt der deutschen Wirtschaft annähernd das gleiche sein müßte, wie bei einer größeren, beliebig herausgegriffenen Gruppe. 900 bis 1000 Lieferanten hatte das Kriegsministerium. Wenn wir eine Rundfrage veranstalteten bei diesen Lieferanten und uns nach ihrem Deckungsverhältnis in den verschiedenen Stoffen erkundigten, so konnten wir mit einiger Wahrscheinlichkeit erwarten, die Größenordnung der Deckung des Landes zu bekommen. Auf Bruchteile kam es nicht an, es handelte sich um große Züge. Das Experiment gelang. Nach vierzehn Tagen lichtete sich das Dunkel, nach drei Wochen wußten wir Bescheid. Bei wenigen Stoffen überschritt die Deckung des damals vorhandenen, seither weit überschrittenen Kriegsbedarfs die Frist eines Jahres; fast durchweg war sie erheblich geringer.

Der Kreis der Stoffe, die wir zu bewirtschaften hatten, schien ursprünglich klein; ausgeschlossen war das Gebiet der Nahrungsmittel und der flüssigen Brennstoffe, eingeschlossen war alles, was Kriegsrohstoff genannt wurde. Die amtliche Definition lautete: »solche Stoffe, die der Landesverteidigung dienen und die nicht dauernd oder ausreichend im Inlande gewonnen werden können«. Als unzulänglich erkannt waren zu Anfang wenig mehr als ein

Dutzend, später stieg die Zahl von Woche zu Woche und am Schluß war es ein reichliches Hundert.

Was wir jetzt besaßen, war noch wenig, aber es bot eine Grundlage. Wir wußten jetzt: so und so sieht die Deckung im Lande aus, und allmählich trat die Aufgabe in ihrem ganzen Umrisse, freilich noch nicht ihre Lösung hervor.

Vier Wege waren möglich und mußten beschritten werden, um die Wirtschaft im Lande umzugestalten, um das Verteidigungsverhältnis zu erzwingen.

Erstens: alle Rohstoffe des Landes mußten zwangsläufig werden, nichts mehr durfte eigenem Willen und eigener Willkür folgen. Jeder Stoff, jedes Halbprodukt mußte so fließen, daß nichts in die Wege des Luxus oder des nebensächlichen Bedarfes gelangte; ihr Weg mußte gewaltsam eingedämmt werden, so daß sie selbsttätig in diejenigen Endprodukte und Verwendungsformen mündeten, die das Heer brauchte. Das war die erste und schwerste Aufgabe.

Zweitens: wir mußten alle verfügbaren Stoffe jenseits der Grenzen ins Land hineinzwingen, soweit sie zu zwingen waren, sei es durch Kauf im neutralen, sei es durch Beitreibung im okkupierten Ausland. Durch Kauf ist manches hereingeflossen; späterhin, durch Beitreibung im okkupierten Auslande sehr viel und unentbehrliches; davon werde ich später reden.

Die dritte Möglichkeit, die sich uns erschloß, war die Fabrikation. Wir mußten Bedacht darauf nehmen, daß alles das im Inland erzeugt wurde, was unentbehrlich und unerhältlich war. Wir mußten auch darauf Bedacht nehmen, daß neue Erzeugungsmethoden gefunden und entwickelt wurden, wo die alte Technik nicht ausreichte.

Und nun der vierte Weg: es mußten schwer erhältliche Stoffe durch andere, leichter beschaffbare ersetzt werden. Wo steht es geschrieben, daß diese oder jene Sache aus Kupfer oder Aluminium gemacht werden muß; sie kann auch aus etwas anderem gemacht werden. Surrogate müssen herhalten, altgewohnte Fabrikate müssen aus neuen Stoffen geschaffen werden. Wenn die alten sich störrisch zeigen hinsichtlich ihres Stoffverbrauches, so muß dieser Eigensinn gebrochen werden, und es müssen solche Fabrikate erstehen, die weniger wählerisch sind hinsichtlich ihrer Erzeugungsmittel.

Das waren die Methoden, die sich unserem Blick erschlossen hatten; nicht die Lösungen zwar, doch die Wege, die Möglichkeiten, die Hoffnungen.

Auf der anderen Seite aber lagen unübersehbar die Widerstände.

Die kriegswirtschaftliche Gesetzgebung stand etwa auf der Stufe friderizianischer Wirtschaft. Was das Kriegsleistungsgesetz uns freistellte, war, wenn man es seines theoretischen Ausdrucks entkleidet, ungefähr soviel, wie wenn ich sage: Kommt ein Rittmeister in ein Dorf, so kann er sich vom Ortsvorsteher Hafer geben lassen, und macht ihm der Ortsvorsteher Schwierigkeiten durch Säumigkeit, so darf er in gewissen Ausnahmefällen sich den Hafer selbst nehmen. Das war ungefähr der Inbegriff der Gesetzgebung, wie wir sie fanden.

Es gab aber noch andere Schwierigkeiten.

Zur Lösung der Aufgabe, die uns auferlegt war, bedurften wir der Mitarbeit vieler Behörden. In den ersten Tagen war es gelungen, die drei außerpreußischen Kriegsministerien zu einer sehr entgegenkommenden Erklärung zu bewegen, daß sie nämlich Preußen es überlassen würden, die Organisation zu schaffen. Das hat eine große Vereinfachung herbeigeführt. Aber mit vielen anderen Behörden war daneben zu verhandeln und zu arbeiten.

Schon dadurch mußten Schwierigkeiten erstehen, daß das Problem nirgends bekannt war. Noch heute ist ja das deutsche Volk der Ansicht, daß die Rohstoffversorgung ganz von selbst geht. Über Nahrungsmittel wird den ganzen Tag gesprochen, das Problem der Rohstoffe, das geht so nebenher. Aber wie es am Anfang des Krieges lag, das müssen wir uns jetzt erst wieder mühsam vergegenwärtigen. Die ersten sechs Monate hatte niemand eine Ahnung davon, wofür wir eigentlich da waren. Der Reichstag, der im November 1914 zusammentrat, betrachtete uns als eine Art Handelsstelle, die dafür zu sorgen hatte, daß das Sohlenleder und die Wolle billiger würden; daß es sich um Fragen handelte, von denen Krieg und Frieden, Sieg und Niederlage abhingen, war niemandem geläufig und ist es bis zum heutigen Tage noch nicht allen. Unter diesen Verhältnissen hatten wir zu leiden. Um die Requisitionen in Belgien mußten wir kämpfen, denn es gab eine Auffassung, die theoretische Bedenken geltend machte. Unsere Umfragen bei der Industrie wurden an manchen Stellen als eine unzulässige Beunruhigung der Wirtschaft empfunden. Noch entschiedener wurde die Störung einzelner Friedensindustrien uns verübelt.

Schritt für Schritt hatten wir unseren Weg zu bahnen. Doch kann ich sagen: in letzter Linie haben alle Behörden uns unterstützt, in letzter Linie haben wir doch überall Verständnis errungen und gesehen, daß unsere öffentliche Organisation geeignet ist, auf jedes noch so schwierige Problem einzugehen und es mit neuen Mitteln zu lösen. Aber die Anfänge waren schwer.

Nun kommen die Schwierigkeiten, die in uns selbst lagen.

Zu fünft hatten wir angefangen. Menschen wurden gesucht; die Personalbestände der Wirtschaft waren ausgeleert. Alles war an der Front, ging an die Front. Fabriken und Banken habe ich bestürmt: gebt mir

Menschen. Ja, es wurden mir manchmal Menschen gegeben, die liefen nach zwei Tagen weg, denen paßte es nicht, von morgens 9 bis abends 12 zu arbeiten, und zwar umsonst und in einer Sache, von der sie nicht genau wußten, wozu sie diente, wohin sie führte. Andere blieben und fanden Gefallen, und so hat doch schließlich ein Kreis sich gebildet, eine Freischar sich zusammengefunden, die in ihrem Zusammenwirken vorbildlich war, und die ich mit schwerem Herzen verlassen habe. Kernhafte Menschen, begeisterungsfähig, freudig und arbeitskräftig, die aus den verschiedensten Berufen stammten, und schließlich alle zum gleichen Ziel hinstrebten. Da war es merkwürdig, wie wir alle fiskalisch wurden; denn das ist eine Eigenschaft des Deutschen, daß da, wo man ihn hinstellt, er mit seiner Aufgabe verwächst und sein ganzes früheres Dasein vergißt. Unsere Industriellen in diesen Stellungen waren bald so fiskalisch geworden, daß wir manches vorwurfsvolle Wort von unseren eigenen Industrien zu hören bekamen.

Da war ein Elektrotechniker, der hatte das ganze Lederwesen unter seiner Obhut, da war ein Metallurge, der hatte die chemischen Industrien, da war ein Nationalökonom, der hatte Textilien; nur der Kautschukindustrie war als Verweser ein Fachgenosse beschieden.

Fast jeden Tag mußten neue Kräfte eingestellt werden. Denn unter jedem Dezernat wuchs nach abwärts eine hierarchische Pyramide; Zweigorganisationen entstanden, Einzelaufgaben wuchsen zu mächtigen Arbeitsgebieten aus; in wenig Monaten war der Umfang einer normalen Behörde überschritten und noch immer dehnte sich der Kreis der Verantwortungen.

Alle diese Menschen mußten geworben und angelernt werden. Es verging Zeit und kostete Arbeit, bis diese Kaufleute und Techniker zu Beamten umgeschaffen waren, bis sie die Gewohnheiten des behördlichen Verkehrs, der klippenreichen Geschäftsordnung, des amtlichen Schriftwesens, und vor allem die Aufgaben ihres eigenen, neugeschaffenen Wirkungskreises sich angeeignet hatten.

Die größten Schwierigkeiten aber lagen in Raum und Zeit.

Im Raum. Vier Zimmer hatte das Kriegsministerium uns anfänglich zur Verfügung gestellt, und das war nichts geringes, denn das Kriegsministerium war in härtester Arbeitsanspannung. Wir verlangten 20 Räume; sie wurden bewilligt. Da gab es schon Umzüge, die schwierig waren und Wochen dauerten. Dann brauchten wir 60 Räume. Da mußten Abteilungen das Feld räumen, die seit Jahrzehnten unbewegt geblieben waren, und die mit 60 000 Aktenstücken aufbrachen. Das war eine Sache von Monaten. Während dieser Zeit waren unsere Korridore schwarz von Menschen, die Vormittage lang auf Abfertigung warteten. Die Einstellung neuer Kräfte war vorübergehend gehemmt; es entstanden Verzögerungen in der Abwicklung der Geschäfte, die uns zu ersticken drohten. Zuletzt blieb uns nichts anderes übrig: wir mußten unter eigener Verantwortung Wohnungen in der Wilhelmstraße mieten, einrichten und besetzen, die nachträglich als Amtsräume des Ministeriums genehmigt wurden. Heute hat die Abteilung eine ganze Straßenfront in der Verlängerten Hedemannstraße und wird die nächste vielleicht bald dazu haben.

Und nun die Zeit.

Es galt, Organisationen täglich und stündlich neu zu schaffen, Verfügungen zu entwerfen, umzuarbeiten und anzupassen, Verhandlungen mit Industriellen zu führen, Versammlungen einzuberufen, eine Korrespondenz von zweitausend täglichen Nummern zu bewältigen, daneben mit den Behörden die Fühlung aufrecht zu erhalten, die neu eingetretenen Menschen anzulernen, dem Strom der Besucher, den Fragenden und Wünschenden standzuhalten – das verlangte einen Tag von 48 Stunden. Eins aber kam uns zugute. Ich habe von der allgemeinen Verkennung unserer Aufgabe gesprochen, als von einem Nachteil. Sie war aber auch von Nutzen, denn die öffentliche Kritik, die heute in das Ernährungsproblem eingreift, ließ uns ziemlich ungestört. Was wir machten, wurde zwar als eine Art von unliebsamer und unnötiger Behelligung der Industrie angesehen, aber man machte uns doch schließlich wenig Schwierigkeiten.

Es kamen ab und zu Professoren, die sagten, es wäre alles falsch, wir müßten alles von vorn anfangen. Es kamen auch Abgeordnete, die sagten, es wäre allerdings falsch, und was die Professoren gesagt hätten, wäre auch falsch; es müßte nochmals geändert werden. Abgesehen von einer grauenhaften Schreibarbeit hat es uns nichts geschadet.

Nun kommen wir zu der Lösung.

Bei der Lösung handelte es sich zunächst darum, Rechtsbegriffe neu zu schaffen. Von der Unvollständigkeit und Unvollkommenheit unserer juristischen Grundlage habe ich Ihnen schon erzählt. Es mußte der Grundbegriff gefunden werden, der es uns ermöglichte, den wirtschaftlichen Kreislauf umzugestalten. Wir schufen einen neuen Begriff der Beschlagnahme; mit etwas Willkür zwar, aber das Belagerungsgesetz stand uns zur Seite, und später ist alles auch unabhängig vom Belagerungszustand gesetzlich sanktioniert worden. Dieser Begriff der Beschlagnahme bedeutet nicht, daß eine Ware in Staatseigentum übergeht, sondern nur, daß ihr eine Beschränkung anhaftet, daß sie nicht mehr machen kann, was sie oder ihr Besitzer, sondern was eine höhere Kraft will. Diese Ware darf nur noch für Kriegszwecke verwendet werden; man darf sie verkaufen, verarbeiten, transportieren, in jede beliebige Form bringen, aber was sie auch erlebt:

immer bleibt sie mit dem Gesetz behaftet, daß sie nur der Kriegführung dienen kann.

Zu Anfang hat man sich schwer mit diesem Begriff abgefunden und uns oft gesagt, das wäre nicht richtig gewesen, wir hätten alles konfiszieren sollen. Ich erwähne das nicht, um nochmals zu widerlegen, denn die Behauptung fällt in sich zusammen. Hätten wir die Güter auch nur eines einzigen Wirtschaftskreises, etwa der Metalle, requiriert, also alles Kupfer, Zinn, Nickel, Aluminium, Antimon, Wolfram, Chrom, so wären wir Besitzer geworden von Millionen einzelner Warenposten, und jeden Tag wären ungezählte Anfragen gekommen: Was soll mit diesem und jenem Warenposten gemacht werden? Darf er gewalzt, gezogen, gegossen werden? Wer soll ihn bekommen? Er wird dringend gebraucht. Und auf der anderen Seite hätte die ganze Verarbeitung stillgestanden, bis eine neue Verteilung vorgenommen war. Und die Überwachung und Verrechnung von Milliardenwerten unbekannter Posten wäre uns zur Last gefallen.

Der Begriff der Beschlagnahme hat sich bewährt, und wird aus unserem Kriegswirtschaftsleben nicht mehr verschwinden. Aber die neue Rechtsform hat uns durch schwere Gefahren geführt. Denn in dem Augenblick, wo eine Ware beschlagnahmt war, hörte die Friedenswirtschaft auf. Wenn bei einem Metallindustriellen die Metalle beschlagnahmt waren, durfte er nicht mehr Friedensarbeit leisten, er war auf Kriegsaufträge angewiesen; er mußte seine Anlagen und Maschinen, seine Arbeitsmethoden und Produkte auf Kriegsarbeit umstellen, er mußte ein neues wirtschaftliches Leben anfangen. Es war eine furchtbare Belastungsprobe für die Industrien, vor allem der metallurgischen, der chemischen und der Textilproduktion.

In jenen schweren Wochen Ende letzten Jahres, als die Verfügungen erlassen waren, kamen meine Kollegen von der AEG zu mir und sagten: »Wissen Sie, was Sie gemacht haben? Das kann für uns 60 000 brotlose Arbeiter bedeuten.«

Es ist gegangen. Zwei Monate lang haben wir der Industrie noch gewisse Freigaben zugestanden, wenn auch schweren Herzens; denn wer konnte wissen, ob nicht die Tonne Salpeter, die hier freigegeben wurde, bei einer belagerten Festung oder bei einer Schlacht einen Ausschlag geben würde. Irgendwo muß man Verantwortungen übernehmen, und wir haben es getan.

Nach zwei Monaten war die Umstellung unserer Industrie vollzogen. Die deutsche Industrie hat diese Neugestaltung bewirkt, ohne davon zu reden, ohne einen Zusammenbruch, schweigend, großzügig, selbstbewußt, mit höchster Tatkraft und Schaffenslust. Das, meine Herren, ist ein Ruhmesblatt der deutschen Industrie, das niemals vergessen werden darf! Weder Frankreich, noch England, noch die Vereinigten Staaten, noch irgendeine der feindlichen und halbfeindlichen Nationen macht das nach.

Das war der Begriff der Beschlagnahme; ihre Wirkung war die wirtschaftliche Umstellung. Und nun komme ich zum zweiten Werkzeug.

Wir wußten, daß diese Wirtschaft neu geboren werden mußte, wir wußten, daß sie nun in irgendwelcher neuen Form ihr Material verteilen und bereit halten mußte. Wie sollte das geschehen?

Der Heeres- und Marineverwaltung mußte die volle Freiheit gewahrt werden, ihre Aufträge dahin zu geben, wo sie wollten; wir konnten keiner Behörde sagen: wir schreiben euch vor, wo ihr eure Bestellungen zu machen habt. Auf der anderen Seite mußte derjenige, der nun der Beauftragte der Behörde geworden war, das Material bekommen, das er brauchte. Es mußten Organismen geschaffen werden zum Aufsaugen, Aufspeichern und zum Verteilen dieses Warenstromes, der in einer neuen Bewegungsform und mit neuen Zufuhren durch die Adern des deutschen Verkehrs rollte. Da mußte abermals ein neuer Begriff entstehen, der Begriff der Kriegswirtschafts-Gesellschaften. Heute ist das eine Sache, von der man wie von einer altererbten spricht. Viele dieser Kriegsgesellschaften sind in aller Munde; man kennt sie und empfindet sie als ein längst Gegebenes. Aber das Paradox ihres Wesens schien so groß, daß selbst in unserem engsten Kreise, der sonst in großer Einhelligkeit unsere Maßnahmen durchdachte, eine Spaltung über die Möglichkeit und Durchführbarkeit dieser Schöpfung entstand.

Auf der einen Seite war ein entschiedener Schritt zum Staatssozialismus geschehen; der Güterverkehr gehorchte nicht mehr dem freien Spiel der Kräfte, sondern war zwangsläufig geworden. Auf der anderen Seite wurde eine Selbstverwaltung der Industrie, und zwar in größtem Umfang durch die neuen Organisationen angestrebt; wie sollten die gegenläufigen Grundsätze sich vertragen?

Man hat denn auch hinterdrein mit größerem oder geringerem Wohlwollen uns gesagt, wie man es anders hätte machen sollen: wir hätten nicht die Gesellschaften gründen, sondern den behördlichen Apparat vergrößern sollen. Heute sind die Stimmen der Kritik verstummt. Wer indessen noch zweifelt, dem empfehle ich einen Besuch in der Kriegsmetall- oder Kriegschemikalien-Gesellschaft. Wenn er dort Tausende von Menschen an der Arbeit sieht, diesen Bienenkorb vor Augen hat, den Strom von Besuchern, Korrespondenzen, Transporten und Zahlungen verfolgt, so wird er sich sagen, in den Behördenrahmen war diese Aufgabe nicht mehr hineinzupressen, sie mußte den wirtschaftlichen Berufskräften und der Selbstverwaltung überlassen werden.

So entstand der Begriff der Kriegsgesellschaft aus dem Wesen der Selbstverwaltung und dennoch nicht der schrankenlosen Freiheit. Die Kriegsrohstoffgesellschaften wurden gegründet mit straffer behördlicher Aufsicht. Kommissare der Reichsbehörden und der Ministerien haben das unbeschränkte Veto; die Gesellschaften sind gemeinnützig, weder Dividenden noch Liquidationsgewinne dürfen sie verteilen; sie haben neben den gewöhnlichen Organen der Aktiengesellschaften, Vorstand und Aufsichtsrat, noch ein weiteres Organ, eine unabhängige Kommission, die von Handelskammermitgliedern oder Beamten geleitet wird, die Schätzungs- und Verteilungskommission. Auf diese Weise stehen sie da als ein Mittelglied zwischen der Aktiengesellschaft, welche die freie wirtschaftlich-kapitalistische Form verkörpert, und einem behördlichen Organismus; eine Wirtschaftsform, die vielleicht in kommende Zeiten hinüberdeutet.

Ihre Aufgabe ist es, den Zufluß der Rohstoffe in einer Hand zusammenzufassen und seine Bewegung so zu leiten, daß jede Produktionsstätte nach Maßgabe ihrer behördlichen Aufträge zu festgesetzten Preisen und Bedingungen mit Material versorgt wird.

Auch von den Industriellen wurden die neuen Rohstoff-Gesellschaften nicht durchweg willkommen geheißen.

Die Metallindustriellen waren einigermaßen willig. Sie fragten zwar: Wozu soll das, eine Aktiengesellschaft, die nichts verdient, was sollen wir damit anfangen? Wir haben bisher unsere Wirtschaft besorgt und können es auch weiter. Dennoch willigten sie ein, vielleicht zum Teil mir zu Gefallen, vielleicht auch, weil sie sich sagten, es ist nicht viel dabei verloren.

Schon anders war es mit den Chemikern. Das sind ganz große Herren aus dem Rheinland, selbstbewußt, Träger großer Verantwortungen, Chefs ungezählter Arbeiterbataillone; denen war das neue Wesen anfangs nicht ganz geheuer. Ein einflußreicher Herr fuhr im Rheinland herum und warnte vor den neuen Experimenten. Aber schließlich kam es doch im Hofmannhaus zu einer konstituierenden Versammlung; die verlief anfangs friedlich, gegen Ende aber wurde sie leidenschaftlich bewegt. Als die Herren sahen, den Salpeter kann man ihnen nicht unbeschränkt lassen, da wurden sie unzufrieden, und es gab eine Szene, die von ferne an das Ballhaus in Paris im Jahre 1789 erinnerte. Trotzdem kam die Gründung zustande, und heute müssen wir ebenso tief und freudig den Chemikern danken für ihr Zusammenwirken wie für ihre Leistungen. Denn diese vorbildliche deutsche Industrie hat zwar mit den ersten Maßnahmen vielleicht sich etwas schwerer abgefunden, dafür hat sie an Initiative und Erfindungskraft, an Kühnheit und Nachhaltigkeit vielleicht die höchste Stelle unserer wirtschaftlichen Kriegsführung erreicht.

Fast jede Woche brachte neue Gründungen. Mit Metall fing es an, dann kamen Chemikalien, dann kam Jute, Wolle, Kammwolle, Kautschuk, Baumwolle, Leder, Häute, Flachs, Leinen, Roßhaar; teils Aktiengesellschaften, teils Abrechnungsstellen. Alle diese Schöpfungen verlangten wochenlange Vorverhandlungen, Einigung unter den

Industriellen, Verständigungen über die Bedingungen, Beschaffung von neuen Kräften, Direktoren, Prokuristen und Geschäftsräumen, und alles das innerhalb einer Wirtschaft, in der verantwortliche Kräfte immer spärlicher zur Verfügung standen.

Heute zählt das Beamtenpersonal der Gesellschaften, Untergesellschaften und Zweigorganisationen nach Tausenden, ihr Umsatz nach Hunderten von Millionen.

So saßen wir in tiefster Arbeit. Auf der einen Seite schwoll der Berg der beschlagnahmten Waren und machte dauernde Verhandlungen mit den Wirtschaftsleitern erforderlich; auf der anderen Seite entstanden unsere Organisationen und verlangten Einarbeitung, Aufsicht, Mitwirkung; zwischen beiden Aufgaben kämpften wir um den Ausbau unserer Abteilung, um Raum, Menschen, Ordnung und Geschäftsgang – und schon trat eine neue Aufgabe gewaltigen Umfangs, heiß ersehnt und hochwillkommen an uns heran.

Unsere siegreichen Heere waren vorgedrungen, Belgien und ein Teil von Frankreich war unterworfen, und auch in Rußland wurde es heller.

Nun handelte es sich darum, den Rohstoffbesitz dieser drei Landgebiete auszuschütten über das vierte. Durch Kauf in neutralen Staaten hatten wir manches ins Land bekommen; doch bald sorgten die Engländer durch ihre Gegenorganisationen, durch ihren Terrorismus zu Lande und zur See dafür, daß die Zufuhr nachließ. Nun hatte die Gewalt der deutschen Waffen drei reiche Provinzen unserer Wirtschaft erschlossen; ein geographischer Glücksfall fügte es, daß fast zu gleicher Zeit die gesamten Zentren des kontinentalen Wollhandels in unsere Hand fielen; beträchtliche Vorräte an Kautschuk und Salpeter traten hinzu. Nun hieß es, diese Schätze heben und nutzbar machen und dabei doch Recht und Gesetz wahren, Übersicht behalten und die Wirtschaft der Länder nicht mit einem Schlage vernichten.

Das war eine Aufgabe, die materiell umfassend und dennoch nicht so schwierig war wie die vorausgegangenen, denn sie lehnte sich an vorhandene Erfahrung an: ein Land mit Organisationen zu durchdringen, Filialen zu schaffen, und diese mit Zweiganstalten zu umgeben, Läger durchforschen und aufnehmen zu lassen, Beschlagnahmen zu erwirken, Vereinbarungen über Umladeplätze, Verzollungswesen, einzuräumende Eisenbahngleise zu treffen, alles das waren Dinge, die Zeit und Menschen erforderten, die aber nicht mehr auf dem schwankenden Grunde unerforschter Wirtschafts- und Rechtsverhältnisse sich abspielten. Mit gewissen Ausnahmen; denn auch in Belgien war die Frage der Übereignung eine nicht ganz einfache. Über die Frage der Entschädigung stritten sich die Geister noch nach Monaten, nachdem wir die Substanz schon in unseren Besitz gebracht hatten. Aber immerhin: diese Aufgabe war im wesentlichen mit gegebenen Erfahrungen zu lösen und sie wurde gelöst.

Jetzt war ein gewaltiges Warengeschäft unserer Abteilung angegliedert, die schon damals auf den Umfang eines merkantilen Weltunternehmens angewachsen war; da traten von neuem schwere Gefahren auf. Und um diese Gefahren zu schildern, will ich gleich in das tiefste Fabrikationsproblem greifen und will etwas erzählen – Zahlen werde ich nicht nennen – von der Stickstoffaufgabe, die sich uns bot.

Sie wissen, daß die unentbehrlichen Explosivstoffe der Kriegsführung auf der Grundlage der Salpeterverbindungen ruhen, daß Salpeter eine Stickstoffverbindung ist, und daß somit die Kriegsführung in gewissem Sinne ein Stickstoffproblem darstellt.

Unsere Stickstoffrechnung am Anfang des Krieges war nicht ungünstig. Ich will Zahlen fingieren, die falsch sind, aber Verhältnisse geben. Nehmen Sie an, es seien 90 Tonnen Stickstoff im Lande gewesen, und nehmen Sie an, 50 Tonnen hätten wir mit Sicherheit erwartet in Ostende und Antwerpen, das wären zusammen 140 Tonnen. Bei einem monatlichen Verbrauch von 10 Tonnen hätte das 14 Monate gelangt. Ich betone, es sind nur Verhältniszahlen.

Das Deckungsverhältnis sah somit ganz gut aus. Es wurde Anfang September und der Krieg entwickelte sich. Wir machten uns immer wieder unsere Rechnungen, verglichen immer wieder mit den Unterlagen, die uns die verbrauchenden Stellen boten. Immer wieder ergab sich die Antwort: diese Deckung stimmt.

Da dämmerte plötzlich die Besorgnis auf: Wie ist das, wenn nun der Krieg im Osten die gleichen Dimensionen annimmt wie im Westen? Wenn der Krieg noch hartnäckiger und umfangreicher wird, als wir ihn uns vorstellen können? Wie ist es dann mit der Stickstoffdeckung? Darauf war keine Antwort.

Es war ein beklommener Vormittag, als ich dem Stellvertretenden Kriegsminister diese Erwägung unterbreitete, und ihn um die Erlaubnis bat, eine beliebige Zahl von chemischen Fabriken bauen zu lassen, und nämlich so viele, als die Chemie leisten könne.

Der Kriegsminister, Exzellenz von Wandel, in seiner großzügigen, ruhigen und entschlossenen Art gab sofort die Autorisation, mit der chemischen Industrie zu verhandeln.

Technisch im höchsten Maße wertvolle Vorarbeiten waren geleistet worden. Exzellenz Fischer und Geheimrat Haber hatten in sehr dankenswerter Weise das Problem der Salpetergewinnung größten Umfangs bearbeitet, und die chemische Industrie war durchaus nicht überrascht, als sie vor die Frage gestellt wurde, diese Unternehmungen zu schaffen.

Der Bau einer größeren Zahl von Fabriken wurde vereinbart, und die Chemiker, kühn, selbstbewußt und vertrauensvoll, gingen auf die Bedingung ein, daß die Fabriken unter Dach sein mußten, bevor ich in der Lage war, ihnen den Vertrag vom Reichsschatzamt genehmigt zuzuschicken. Die Fabriken waren unter Dach, noch bevor der Vertrag unterschrieben war; das war ungefähr zu Weihnachten. Die Stickstoffabrikation war eine deutsche Produktion geworden, ein Weltproblem war gelöst, die schwerste technische Gefahr des Krieges war abgewendet.

Aber während diese Fabriken aufstiegen, kamen die Nachrichten von der Front: wir brauchen nicht mehr 10 Tonnen, sondern 16, nicht mehr 16, sondern 21, nicht mehr 21, sondern 27, und hier will ich, um auch nicht Proportionen erkennen zu lassen, nicht sagen, bis zu welchem Vielfachen die Forderungen der Front sich steigerten. So viel aber darf angedeutet werden: daß die ursprüngliche Deckung sich auf einen Bruchteil vermindert hatte. Hätten wir erst dann mit dem Bau begonnen, als diese Verhältnisse greifbar geworden waren, also zwei oder drei Monate später, so wäre eine bedenkliche Zwischenzeit eingetreten, und zwar gerade damals, als der galizische Durchbruch einen gewaltigen Munitionsaufwand forderte.

Waren und blieben auch die chemischen Fabrikationen, insbesondere die Salpetersäureanlagen, die wichtigsten unserer neugeschaffenen Gütererzeugungen, so haben doch noch eine Anzahl umfangreicher Produktionsstätten sich ihnen zur Seite gestellt. Metallraffinationen und Wiedergewinnungsanlagen wurden errichtet, die bergbauliche Produktion wurde gehoben, elektrolytische und elektrothermische Werke wurden erstellt und erweitert, teils durch unmittelbares Eingreifen der Kriegsrohstoffabteilung, teils durch Vermittelung der Rohstoffgesellschaften.

Inmitten dieser Tätigkeit wurde uns eine weitere Aufgabe zuteil, die eigentlich mit der Wehrbarmachung des Landes nur mittelbar zu tun hatte, die aber aus allgemein wirtschaftlichen Gründen sich nicht abweisen ließ und die kaum anders als durch uns gelöst werden konnte.

Ich habe erwähnt, daß der Reichstag im November von uns etwa die Vorstellung hatte, wir seien eine Stelle für Verbilligung der Marktpreise, und eine Sitzung der großen gemischten Kommission war für den beteiligten Zuhörer, der sich nicht verteidigen durfte, nicht sehr angenehm. Mit Recht waren die Herren ungehalten über einzelne stark gesteigerte Rohstoffpreise, die auch uns zu denken gaben. Man wußte jedoch nicht, daß uns zunächst die weit dringendere Sorge obgelegen hatte, die Gefahr des Mangels abzuwenden, bevor wir an die wichtige und dennoch sekundäre Frage der Kosten herantreten konnten. Sofortige Abhilfe wurde gefordert.

Wir hatten indessen bereits Mittel und Wege gefunden und waren mit der Lösung fast zu Ende. Angefangen hatten wir mit der Festsetzung der Höchstpreise für Metalle. Sie war nicht einfach, denn nicht nur die Mehrzahl der wichtigeren Metalle war zu bedenken, sondern auch ihre Legierungen, die Altmetalle und die vorverarbeiteten Produkte. Nach langen Verhandlungen war eine Tabelle zustande gekommen, die zwar nicht in allen Positionen der Industrie und vor allem dem Handel gefiel, gegen die aber schließlich nicht mehr viel einzuwenden war, und die vom Bundesrat angenommen wurde. Sodann wurden die Höchstpreise für eine Gruppe bewältigt, die bei den Fachleuten als unüberwindlich galt, die Wollen und Wollprodukte.

Hier handelte es sich um die Vielfältigkeit der Herkunft, multipliziert mit der Zahl der Qualitäten; das Produkt dieser Größen abermals multipliziert mit der Zahl der Verarbeitungsstadien. Das ergab eine Mannigfaltigkeit, die nach Hunderten von Positionen zählte; aber zuletzt kam auch hier ein Merkblatt zustande, das für die Besitzer nicht allzugroße Härten enthielt und den Erfordernissen der Kriegswirtschaft entsprach.

Näherte sich die Festsetzung von Höchstpreisen schon mehr einem Ausflug auf allgemeinwirtschaftliches Gebiet, so war die Beschaffung und Einführung von Ersatzstoffen und Surrogaten ein Teil unserer eigensten Aufgaben.

Die preußische Uniformierung mußte in ihrer stofflichen Zusammensetzung geändert werden. Die Gewebe wurden durch Verwendung von Kammgarn und anderen Erzeugnissen gestreckt; Helmbeschläge, Knöpfe und andere Zutaten lernten auf die Verwendung von Sparmetallen verzichten. Im Munitionswesen wurde manches seltnere Metall durch Zink und Stahl ersetzt; die Elektrotechnik mußte einen Teil ihrer Leitungen und Fassungen aus ungewohnten Metallen erstellen und erreichte es, daß manches Erzeugnis sich verbilligte. In der chemischen Industrie entstanden große Anlagen, die teils bekannte, teils neuerprobte Ersatzstoffe lieferten. Selbst auf die Textilindustrie erstreckte sich das System der Wiedergewinnung und Auswechselung. Nur wenige Industriezweige können sagen, daß sie heute noch durchweg mit dem Urmaterial arbeiten, dessen sie vor dem Kriege gewohnt waren, und viele haben auch aus dieser Form der Umstellung Nutzen gezogen.

In kurzen Zügen möchte ich Ihnen jetzt ein Bild der Kriegs-Rohstoff-Abteilung geben, wie sie ungefähr zu Beginn dieses Jahres ausgesehen hat. Eine Zentralsektion sorgte für die Gesamtpolitik und Initiative der Abteilung. Sie führte die Verhandlungen mit den Behörden, bearbeitete jede neue organisatorische Maßnahme und Verfügung, bereitete die Vorträge beim Minister vor, verhandelte mit industriellen Gruppen, Abgeordneten und Interessenten, prüfte wirtschaftliche und juristische Fragen, ergänzte den Personalbestand, faßte den Briefwechsel der Abteilung zusammen, verfaßte die Vierteljahrsberichte und trug die Verantwortung für den Organismus.

Daneben erstreckte sich das Gebiet der verschiedenen Referate. Die Referate bewältigten teils zusammenfassend, teils gesondert die Gebiete der Einzelstoffe, und hinter ihnen standen ausführend und mitwirkend die Meldestellen und Rohstoffgesellschaften mit ihren Hilfsorganisationen und Tochterinstituten.

Es gab Referate für Metalle, Chemikalien, Baumwolle, Wolle, Jute, Kautschuk, Leder, Häute, Hölzer, für organische Produkte. Dieses Referatengebiet machte den eigentlichen Wirtschaftskörper unserer Abteilung aus.

Daneben bestand die Beschlagnahmestelle, diejenige Stelle, die den Strom der beschlagnahmten Stoffe regelte, die Gesetzgebung der Beschlagnahmen und Belegscheine ausarbeitete, den Verkehr mit den Besitzern der Ware führte und mit einem System von Revisoren die Befolgung der Maßnahmen überwachte. Ursprünglich führte diese Stelle auch die Statistik, die später abgespalten und auf eine Reihe von Meldestellen übertragen wurde. Die Beschlagnahmestelle arbeitete mit einem erheblichen Beamtenapparat; ihre Formulare und Drucksachen gingen auf dem Wege über die Generalkommandos jeden Tag über ganz Deutschland hinaus.

Das Warengeschäft erforderte eine gesonderte Speditions-, Buchführungs-, und Überwachungsabteilung. Milliardenwerte waren aus den okkupierten Gebieten abzutransportieren. Zehntausende von Doppelladern rollten über unsere Schienen und füllten über 200 deutsche Lager. Die Lager mußten eingerichtet und überwacht werden, die Waren mußten verfrachtet, den Lagern zugeführt, entladen, kontrolliert, an die Rohstoffgesellschaften verteilt und verrechnet werden.

Ein Speditionsamt sorgte für die Transporte und bediente sich einer eigenen Treuhandgesellschaft zur Überwachung der Frachtsätze, eine Abrechnungsstelle – vielleicht eine der größten, die das deutsche Warengeschäft aufwies – führte Buch über jede Warensendung, die Lille oder Roubaix oder Antwerpen verließ, über ihr Eintreffen auf den Umladeplätzen Haspe, Frankfurt, Mannheim, über den Eingang in die Lager, und über den Ausgang nach den weitverzweigten Verbrauchsstellen.

Am 1. April 1915 konnte ich dem Preußischen Kriegsministerium die Abteilung als ein gehendes, eingearbeitetes, fertiges Werk übergeben. Ich habe die Freude, daß der größte Teil meiner Mitarbeiter bei der Behörde geblieben ist. Unter der Leitung meines sehr verehrten Nachfolgers, des Herrn Major Koeth, hat die Abteilung gewaltig an Umfang gewonnen; sie hat zahlreiche neue Organisationen geschaffen, sie hat sich behördlich vervollkommnet. An Personal, Flächenraum und Arbeitsgebiet steht sie außer dem Kriegsministerium und Eisenbahnministerium wohl keiner preußischen Behörde nach, obwohl sie darin sich von allen anderen unterscheidet, daß sie in acht Monaten entstanden ist. Das fünfte Hundert der Beamten im Hause dürfte dieser Tage überschritten sein, und die Angestellten der Rohstoffgesellschaften und ihrer Zweiganstalten sind auf mehrere Tausend zu schätzen.

Als Exzellenz von Falkenhayn im Frühjahr nach Berlin kam und nach dem Stande unserer Versorgung fragte, konnte ich ihm sagen: Wir sind in allem Wesentlichen gedeckt, der Krieg ist von der Rohstoffbeschaffung unabhängig.

Dem Reichstage hat der Kanzler dies bestätigt. Daß es ein Produkt gibt, mit dem wir von der Hand in den Mund leben, wissen Sie alle. Die Deckung der übrigen ist zum Teil eine absolute: es wird so viel geschaffen, wie verbraucht wird; bei allen anderen reicht sie aus für eine Kriegsdauer, deren Länge im Belieben unserer Gegner steht. Auf einzelnen Gebieten haben wir überdies die Versorgung unserer Bundesgenossen übernehmen können.

Die englische Blockade der Rohstoffe ist wirkungslos geworden. Noch mehr als das; ihre Wirkung hat sich gegen England selbst gewendet. Die schwerste Sorge hat England heute durch seine schrankenlose freie Wirtschaft. England kann kaufen und kauft, und fürchtet jeden Kauf, den einer seiner Untertanen im Auslande tätigt. Denn jeder Kauf – ob es Tee ist oder Salpeter – verschlechtert die Zahlungsbilanz; jeder Kauf erfordert Zahlungsmittel, und da die Zahlung nicht voll in Ware geleistet werden kann, weil die Exportindustrie zum Teil auf Munitionsarbeit umgestellt ist, so treibt jeder Kauf englische Anlagewerte ins Ausland. Unsere erzwungene Binnenwirtschaft, mit der wir uns abgefunden haben, hat manche Sorge gekostet und manchen Nachteil gehabt, aber die Kraft hat sie uns gegeben, daß wir nun auch den vollen Kreislauf der Mittel für uns in Anspruch nehmen können. Unsere Güter erzeugt das Inland und das Inland verzehrt sie; aus unseren Grenzen kommt nur das hinaus, was unsere Kanonen hinausschleudern; das genügt, um unser Dasein merkbar zu machen. Den Gegenwert seines Verzehrs zahlt der Staat bar; das bare Geld kehrt zu ihm zurück als Darlehn und tritt von neuem in den Kreislauf ein. Unsere Wirtschaft ist die geschlossene eines geschlossenen Handelsstaates.

In die Zukunft werden unsere Methoden nach mancher Richtung wirken. Allgemeine soziale Fragen möchte ich nicht berühren. Wieweit auf das Gebiet der Gesamtwirtschaft, auf die Frage der kapitalistischen

Wirtschaftsordnung und ihrer möglichen Reform die Arbeitsweisen einwirken werden, die hier geschaffen worden sind, liegt außerhalb des Rahmens dieses Vortrages. Aber eine Wirkung in die Ferne der Zeiten werden schon wir erleben: das ist eine neue Fürsorge der Bewirtschaftung, eine neue Auffassung vom Rohstoff. Vieles wird ersetzt bleiben, was man für unersetzlich hielt; an vielen Stellen, wo man fremde Metalle verwandte, wird man einheimische verwenden; von manchen fremden Produkten, wie chilenischer Salpeter, werden wir künftig, wie ich hoffe, verschont bleiben; fremder Schwefel wird unsere Grenze nicht mehr zu überschreiten brauchen. Unsere Wirtschaft wird in doppeltem Sinne unabhängiger, denn wir hängen nicht mehr ab vom Wohlwollen des Verkäufers, noch vom Wohlwollen unseres Gläubigers, dem wir zu zahlen haben, und der es unter Umständen in der Hand hat, durch Erhöhung seiner Zollmauer das Zahlungsmittel unserer Ware zu entwerten.

Diese Erwägungen werden wachsende Bedeutung erlangen und zu einem neuen Begriff im Wirtschaftsleben führen, zu dem Begriff des Rohstoff-Schutzes. Je entschiedener fremde Wirtschaftsgebiete sich uns verschließen, sei es durch Schutzzölle, sei es durch nationalistische Treibereien, desto größere Aufmerksamkeit haben wir unserer Zahlungs- und Handelsbilanz zuzuwenden. Kaufen wir zügellos und überflüssig im Ausland, so müssen wir unfreiwillig durch Ausfuhr zahlen, und dieser unfreiwillige Export kann dauernd verlustbringend sein, weil es unseren Nachbarn freisteht, unsere Fertigprodukte durch Schutzzölle zu belasten und zu entwerten, während wir ihre Rohstoffe ungehindert hereinlassen müssen. So entsteht ein neuer Merkantilismus, nicht um die Ausfuhr ins Maßlose zu steigern, sondern um sie nutzbringend zu erhalten. Wir kannten bisher den Schutz des Produktes, den sogenannten Schutzzoll; eine Frage des Rohstoffschutzes hat bis jetzt nicht bestanden. Künftig kann es dem Staat nicht mehr gleichgültig sein, ob Salpeter aus Chile kommt, wenn er ebenso billig, oder nahezu so billig aus deutscher Luft gewonnen werden kann. Es kann ihm nicht gleichgültig sein, ob ein Metall gekauft und an Amerika bezahlt wird, oder ob ein gleichwertiges anderes Metall als Ersatzstoff verwendet und im Inland beschafft wird.

Der Begriff des Rohstoffschutzes wird uns geläufig werden und sich in Deutschland zum Nutzen unserer Wirtschaft geltend machen.

Das sind Zukunftssorgen auf allgemeinem Wirtschaftsgebiet; Zukunftsfragen bestehen aber auch für das Weiterwirken der Organisation, des Baues, den ich Ihnen geschildert habe.

Die Rohstoff-Abteilung wird auch im Frieden nicht zu bestehen aufhören, sie wird den Kern eines wirtschaftlichen Generalstabes bilden. Vielleicht wird sie ihren Namen ändern; ich möchte wünschen, daß sie anstatt Kriegs-

Rohstoff-Abteilung in Zukunft »Kriegswirtschafts-Abteilung« hieße, denn das ist sie schon heute in manchem Sinne. Nie wieder kann und darf es uns geschehen, daß wir wirtschaftlich unzulänglich vorbereitet in einen neuen Krieg hineinkommen. In höchster Anspannung müssen alle künftigen Friedensjahre dieser Vorbereitung dienen. Wir müssen nicht nur dauernd wissen, was wir an Unentbehrlichem im Lande haben, sondern wir müssen auch dauernd dafür sorgen, daß wir so viel im Lande haben, wie wir brauchen. Gewaltige Lager müssen gehalten werden; die Gesetzgebung muß auf diese Lager eingehen, die nicht staatlich zu sein brauchen, muß sie unterstützen, aber auch überwachen lassen. Eine umfangreiche und andauernde statistische und Verwaltungsarbeit wird sich hieraus ergeben. Es muß ferner dafür gesorgt werden, daß die Umstellungen, die dieser Krieg in gewaltsamer Weise herbeigeführt hat, in Zukunft selbsttätig und ohne Erschütterung vor sich gehen. Ein allgemeiner wirtschaftlicher Mobilmachungsplan muß geschaffen und dauernd erneuert werden. Wirtschaftliche Gestellungsbefehle sind auszuarbeiten, die in Tausenden von Fällen auszugeben sind. Darin heißt es dann etwa: Sie haben sich am zweiten Mobilmachungstage in das und das Haus in der Behrenstraße zu begeben, dort werden Sie den Vorsitz der und der zu gründenden Kriegswirtschaftsgesellschaft übernehmen, das Statut wird Ihnen übergeben; Sie haben den Gründungsvorgang zu leiten und die und die Ausschüsse zu bilden. Das gleiche gilt für Maschinenfabriken und andere Unternehmungen. Die erhalten eine Benachrichtigung, in der es heißt: Sie haben am dritten Tage der Mobilmachung den und den Teil der Fabrik zu räumen, die und die Werkzeugmaschinen sind zur Verfügung zu stellen. Sie haben gleichzeitig einen Auftrag auf so und so viel Produkte dieser Art zu übernehmen. Das Arbeiterwesen, hinsichtlich der Rückstellungen und Freigaben, muß ebenfalls im Frieden geregelt werden. Jedes Werk muß wissen, die und die Personen, die ihm unentbehrlich sind, bleiben ihm zur Verfügung gestellt, andere hat er abzugeben. Eine handelspolitische Abteilung muß dafür sorgen, daß mit dem neutralen Ausland solche Verständigungen getroffen werden und solche Organisationen entstehen, die einer Vergewaltigung der Ausfuhr durch feindliche Staaten entgegenarbeiten. Handelsstellen müssen dauernd unterhalten werden, welche im Kriege die Ein- und Ausfuhr zentralisieren und Austauschgeschäfte bearbeiten.

Besondere Aufmerksamkeit wird die Nachkriegsgesetzgebung erfordern, und ich könnte mir denken, daß ein wirtschaftlicher Generalstab berufen wäre, auch hier tätig mitzuwirken.

Es ist nicht zulässig, daß nach Beendigung des Krieges wahllos die Tonnagen verwendet werden, um diejenigen Waren schnellstens über den Ozean zu tragen, die der Findigste bestellt und gekauft hat; es muß dafür gesorgt werden, daß hier Einteilungen stattfinden. Es muß dafür gesorgt werden, daß die Rechnungen, die das Deutsche Reich draußen zu bezahlen hat, sei es als Staat, sei es als Gesamtheit der Privaten, unsere Zahlungsbilanz nicht in Unordnung bringen, sondern nach durchdachtem Plan einheitlich geregelt werden.

Überblicken wir nun das Werk und stellen die Frage, wie konnte dieser Aufbau gelingen, wieso hat Deutschland das machen können, woran England verzagte, Lloyd George scheiterte, so komme ich auf folgende Antwort.

Das erste ist, daß frühzeitig angefangen wurde; daß mit kühner Entschlossenheit das Kriegsministerium auf die erste Anregung hin erklärt hat, sich mit dieser Angelegenheit bis aufs letzte zu identifizieren, während alle übrigen Wirtschaftsfragen noch unberührt im Schoße der Zukunft ruhten, und daß das Kriegsministerium mit der erblichen Genialität, die dieser Behörde eigen ist, sich dieser weit umfassenden Aufgabe hingegeben hat.

Das zweite ist, daß die Einheitlichkeit der Leitung gewahrt wurde, daß diese Organisation nicht in die Hände von Kommissionen, Ausschüssen, gelegentlichen Sachverständigen gekommen ist, daß sie nicht behördlicher Zersplitterung anheimfiel, sondern daß ein einheitlicher Wille sie geleitet hat, hinter dem die Macht stand. Kommissionen sind gut zum Beraten, nicht zum Schaffen. Eine Beratung findet statt am Dienstag, fängt an um 4 und ist um 7 zu Ende; dann gehen die Herren nach Hause. Was dann nicht geschehen ist, bleibt bis zum nächsten Freitag. Damit kann man kontrollieren, aber nicht organisieren. Das ist so einfach, aber noch immer nicht Gemeingut.

Das dritte ist ein deutsches Produkt, nämlich der Idealismus einer Anzahl von Menschen, die sich freudig einer gemeinsamen Führung anvertrauten, ohne Entgelt, ohne Versprechen, ohne Verpflichtung, ohne Vertrag, die in rastloser, begeisterter Arbeit ihre Kräfte, ihre Erfahrung und Ideen hingaben, weil sie fühlten, daß das Land sie braucht. In bürgerlicher, kollegialer und freundschaftlicher Gemeinschaft, kaum mit dem Begriff eines Vorgesetzten, kaum mit dem Begriff einer Gefolgschaft, hat diese auserwählte Freischar über Deutschland ein neues Wirtschaftsleben und ein neues Netz industrialer Gesetzmäßigkeiten gebreitet.

Unterstützt wurden sie von der Jugendkraft und Elastizität unserer Industrie, die jedem Entschluß zugetan, jeder Belastungsprobe gewachsen, das Unvergleichliche geleistet hat.

Das letzte und das höchste aber, was dieses Streben besiegelt hat und ohne das es nicht hätte werden und wachsen können, das ist wiederum etwas rein Menschliches, denn das Menschliche steht hoch über allem Mechanischen, und besitzt allein die Kraft, zu schaffen und zum Licht emporzutragen. Dieses Menschliche war Vertrauen.

Aufs tiefste muß ich drei preußischen Kriegsministern danken, die dieses Vertrauen unverbrüchlich vom ersten bis zum letzten Tage Menschen und Organisationen entgegenbrachten. Auch in diesem Vertrauen liegt Genialität, und zwar sittliche Genialität. Dieses Vertrauen wäre in einem andern Lande schwer zu finden und schwerer zu rechtfertigen. Abermals ist es ein Ruhm des deutschen und auch des preußischen Systems, daß ein solches menschliches Verhältnis zur Vollendung wirtschaftlicher Evolutionen und zur Abwendung gemeinsamer Gefahren geschenkt und empfangen werden konnte.

9 789356 789517

Printed at Repro India Ltd.